RHYWBETH
I BAWB
BOB EYNON

DREF WEN

Ymddangosodd rhai o'r straeon yn y gyfrol hon eisoes
yn y cylchgrawn *Mynd*.

Argraffiad cyntaf 2001
© y testun Bob Eynon 2001

Cyhoeddwyd gan Wasg y Dref Wen,
28 Ffordd yr Eglwys, Yr Eglwys Newydd,
Caerdydd CF14 2EA
Ffôn 029 20617860.

Argraffwyd ym Mhrydain.

I Tas a Muriel, Nan a Doreen

CARTREF

Edrychodd Dafydd drwy ffenestr y trên ar y bryniau tywyll. Ar ôl y daith hir dros Gefnfor Iwerydd roedd rhan olaf y daith yn ymddangos yn hir.

"Ond o leiaf mae'r pyllau glo wedi diflannu," meddyliodd. "Mae popeth yn lanach ac yn fwy gwyrdd y dyddiau hyn."

Roedd tad Dafydd wedi gweithio mewn pwll glo pan oedd e'n ifanc, ond ar ôl i'r pwll gau roedd e wedi mynd i weithio mewn ffatri. Doedd Dafydd ddim yn cofio'r pwll glo yn gweithio ond roedd e a'i ffrindiau yn arfer chwarae yn ei adeiladau gwag pan oedd Dafydd yn blentyn yn y pentref.

"Tybed ydy fy hen ffrindiau yn dal yma?" meddyliodd Dafydd. "Tybed a ydyn nhw'n gweithio yn y ffatri, neu ydyn nhw wedi mynd i ffwrdd i'r coleg neu i chwilio am waith arall yn y ddinas?"

Wel, o leiaf roedd teulu ganddo yn y pentref. Roedd e'n cofio pob aelod o'r teulu yn iawn. Roedd e wedi mynd gyda'i rieni i fyw yn America bron bymtheng mlynedd yn ôl pan oedd e'n chwech oed.

Doedd e ddim wedi dod yn ôl i Gymru ers hynny, ond roedd ei rieni'n anfon cardiau Nadolig bob blwyddyn, ac roedden nhw'n cadw mewn cysylltiad â'r teulu trwy lythyrau hefyd. Weithiau roedd ei fam e'n ffonio adref, ond ddim yn aml iawn achos roedd pob galwad ffôn yn gostus.

Byddai'r teulu yng Nghymru yn addo ymweld â nhw yn America bob blwyddyn. Ond doedden nhw ddim wedi dod. Roedd tad Dafydd wedi addo mynd â'i wraig a'i fab yn ôl i Gymru, ond roedd cymaint o bethau newydd i'w

7

gweld yn America.

Felly, bob haf roedd rhieni Dafydd yn llenwi'r Buick â bagiau a dillad ac yn gyrru o gwmpas eu gwlad newydd – i Efrog Newydd, Miami, St Louis, Los Angeles. Un flwyddyn roedden nhw wedi croesi ffin Mexico ac roedd ei dad wedi yfed Tequila tra oedd Dafydd a'i fam yn bwyta tortila mewn caffe wrth ochr y ffordd fawr.

Yn y diwedd roedd Dafydd wedi penderfynu cynilo digon o arian i dalu am y daith yn ôl i Gymru. Roedd e'n hapus i deithio ar ei ben ei hunan a doedd ei rieni ddim yn poeni amdano fe. Roedd e'n astudio mewn coleg yn Oklahoma City, felly roedd e wedi arfer teithio mewn awyren a byw yn bell oddi wrth ei rieni yn Chicago.

Ond nawr roedd e'n teimlo'n gyffrous, achos roedd e wedi gadael America ar ôl, ac roedd e'n ôl yng Nghymru o'r diwedd. Doedd e ddim ar ei ben ei hunan chwaith. Roedd y trên yn eitha llawn o deithwyr lleol.

Y tu ôl iddo fe roedd grŵp o wragedd yn eistedd ac yn siarad. Roedden nhw ar eu ffordd i gêm Bingo mewn hen sinema yn y dref nesaf ac roedden nhw'n siarad yn uchel iawn fel grŵp o ferched ysgol.

"O, gobeithio y bydda i'n ennill gwobr heno," meddai un ohonyn nhw. "Yn ôl fy ngŵr i, rwy'n taflu fy arian i ffwrdd pan rwy'n mynd i chwarae Bingo, ond fel rwy'n dweud wrtho fe, dydw i ddim yn ysmygu fel gwragedd eraill a dydw i ddim yn prynu dillad costus chwaith."

"Rwyt ti'n iawn, Gwenda," meddai ffrind wrthi hi. "Rydw i wedi dy weld di'n siopa yn siop y Groes Goch am dy ddillad di. Ac rydw i'n siopa yno hefyd. Dydyn ni ddim yn mynd i Marks a Sparks neu House of Fraser pan mae eisiau blows arnon ni!"

Roedd gwraig arall eisiau siarad hefyd.

"Ydych chi wedi clywed am Mary Jones?" gofynnodd hi i'r lleill.

"Pa Mary Jones? Yr un sy'n byw yn ein stryd ni?"

"Nage, Mary Jones Herbert Street."

"O, rwy'n ei nabod hi. Mae hi'n gweithio yn y Spar ar y gornel."

"*Roedd* hi'n gweithio yn y Spar," meddai'r wraig arall. "Mae hi wedi cael y sac."

Trodd pawb eu pennau ac edrych arni.

"Y sac!" medden nhw fel côr cydadrodd. "Pam?"

"Wn i ddim," meddai'r wraig gyntaf. "Ond mae'n swnio'n od i fi."

"Ydy," cytunodd gwraig arall. "Ond mae hi wedi gwneud rhywbeth, siŵr o fod – dwyn arian efallai."

Meddyliodd Dafydd am ei fodrybedd Megan, Carys a Muriel. Roedden nhw'n hoffi siarad am bobl y pentref hefyd. Dyna pam nad oedd ei fam yn hoff iawn ohonyn nhw. Bob nos Sul byddai ei rieni'n mynd â Dafydd i dŷ un o'r modrybedd i gael te neu swper. Yn ôl tad Dafydd roedd y teulu yn hen ffasiwn fel yna; roedden nhw'n cwrdd â'i gilydd mewn un o'r tai fel yn yr hen ddyddiau cyn y teledu.

Stopiodd y trên mewn gorsaf fechan a daeth grŵp o fechgyn a merched i mewn. Roedden nhw'n swnllyd iawn ac roedd rhai ohonyn nhw'n cario pacedi o sglodion.

"Eistedda yma gyda fi," meddai un o'r merched wrth un o'r bechgyn.

Symudodd y bachgen ddim.

"Mae'n well 'da fi eistedd wrth y ffenestr," meddai e.

"Rwy'n hoffi gweld yr olygfa."

"Paid â phoeni amdano fe, Siân," meddai merch arall. "Mae e'n pwdu ar ôl i ti fynd allan gyda Roger y noson o'r blaen."

"Wyt ti eisiau sglod?" gofynnodd bachgen yn gwrtais i'r ferch wrth ei ochr e.

Gwenodd y ferch arno fe'n felys.

"Dim diolch," atebodd hi. "Rydw i newydd frwsio fy nannedd."

Roedd Dafydd eisiau siarad â nhw, gofyn i ble roedden nhw'n mynd. I weld ffilm? I yfed Coca Cola mewn caffe? Ond doedd y bobl ifanc yma ddim yn ei nabod e o gwbl, ac roedd e'n teimlo'n swil.

Yna meddyliodd e am Joanne ac Andrew. Roedden nhw yn eu harddegau fel y bobl ifainc 'ma. Doedd e ddim wedi cwrdd â nhw ond roedd e wedi gweld eu lluniau nhw. Roedd Andrew, ei gefnder, yn fachgen cryf ac roedd e'n chwarae rygbi dros dîm y pentref. Roedd Joanne, ei gyfnither, yn dal fel model ac roedd hi'n mynd i astudio celf mewn coleg yng Nghaerdydd neu Gasnewydd. Roedd e'n edrych ymlaen at gwrdd â nhw yn fawr iawn.

Sylwodd e ar hen ddyn yn eistedd ar y chwith iddo. Roedd y dyn yn gwisgo siwt ddu a chrys gwyn fel rhywun ar ei ffordd i'r capel. Yna cofiodd Dafydd am ei ewythr Ben.

Pennaeth y teulu oedd Ben, a phob nos Sul ar ôl swper byddai Ben a dynion eraill y teulu yn mynd i eistedd yn y lolfa tra oedd y gwragedd yn clirio'r llestri.

Roedd y dynion yn hoffi siarad am eu gwaith, am y capel, am wleidyddiaeth, wel, am bopeth, ac roedd llais Ben yn uwch na neb arall yn yr ystafell. Roedd tad

Dafydd yn llawer ifancach na Ben a doedd e ddim yn cyd-dynnu â Ben o gwbl. Felly roedd y ddau ohonyn nhw'n arfer ffraeo a chodi eu lleisiau.

Roedd Dafydd yn rhy ifanc i ddeall sgwrs Ben a'i dad. A dweud y gwir, roedd y nosweithiau teuluol yn ddiflas iddo fe ar ôl gorffen ei swper. Roedd e'n cofio'r hen gloc ar y wal. Weithiau, mewn moment o ddistawrwydd, roedd Dafydd yn clywed tic-toc y cloc ac yn meddwl: amser i fynd.

Ond nawr roedd e'n edrych ymlaen at gwrdd ag Ewythr Ben eto a siarad ag ef ŵr wrth ŵr.

Cyrhaeddodd e'r pentref ac aeth allan o'r trên. Roedd e'n cofio popeth, hyd yn oed y ffordd i dŷ Megan! Cerddodd e drwy strydoedd cul y pentref ac i fyny'r bryn lle roedd Megan yn byw.

Cyrhaeddodd e'r tŷ a churodd ar y drws. Daeth gwraig i agor y drws iddo fe. Megan oedd hi, ond roedd hi'n edrych yn henach nawr.

"O, Dafydd," meddai hi. "Dere i mewn, cariad, dere i mewn."

Roedd dwy wraig yn eistedd wrth fwrdd yng nghanol yr ystafell, ac roedd hen ŵr yn eistedd ar gadair bren o flaen y tân nwy.

"Wel, wel, Dafydd ydy e?" meddai Muriel. "Mae e wedi tyfu!"

"Ydy, ydy," meddai Carys. "Mae e wedi tyfu'n wir."

"Ble mae Andrew a Joanne?" gofynnodd Dafydd.

"Mewn dawns yn y Queen's," atebodd Megan. "Fyddan nhw ddim yn hir."

"Maen nhw allan trwy'r amser," cwynodd Ben. "Pan oeddwn i'n ifanc …"

"O, hisht, Ben!" meddai Muriel. "Mae Dafydd newydd gyrraedd."

Roedd llygaid pawb ar y dieithryn.

"Wel, wel, mae e wedi tyfu!"

"Ydy, ydy'n wir."

"Ac roedd e mor fach pan oedd e'n blentyn."

"O, oedd, oedd."

Distawrwydd.

Trodd Ewythr Ben a syllu ar fflamau'r tân nwy. Roedd y tair gwraig yn nodio eu pennau fel hen ddoliau.

Yna clywodd Dafydd sŵn yr hen gloc ar y wal yn dweud:

"Tic-toc … tic-toc … tic-toc …"

cartref: home	cefnder: male cousin
Cefnfor Iwerydd: Atlantic Ocean	cyfnither: female cousin
	ewythr: uncle
tybed: I wonder	ffraeo: to quarrel
aelod: member	diflas: depressing
cysylltiad: contact	tyfu: to grow
chwaith: either	

CYMRO YN LLUNDAIN

Gwelodd Luc y ferch am y tro cyntaf mewn disgo yn Wandsworth. Roedd hi gyda grŵp o ffrindiau, bechgyn a merched. Pan oedd ei wydr e'n wag aeth Luc at y bar a sefyll yn ymyl y ferch.

"Wyt ti'n mwynhau dy hunan?" gofynnodd iddi.

"Ydw," atebodd y ferch dan wenu.

Roedd hi'n edrych yn ifanc, un deg chwech oed efallai,

ond roedd hi'n yfed lager neu seidr.

"Wyt ti'n dod yma'n aml?" gofynnodd Luc. "O, mae'n ddrwg gen i; mae pawb yn gofyn yr un cwestiwn."

"Mae acen ryfedd 'da ti," meddai'r ferch. "O ble rwyt ti'n dod?"

"O Gymru," atebodd Luc. "Rydw i newydd gyrraedd Llundain."

"Wyt ti'n gweithio yma neu wyt ti ar wyliau?"

"Gweithio," meddai Luc. "Yn trwsio ffyrdd."

"Ti sy'n stopio'r traffig," chwarddodd y ferch.

"Ie, fi sy'n stopio'r traffig," cytunodd y Cymro. "Gyda llaw, Luc ydy fy enw i."

"Tracy ydw i," meddai'r ferch. "Ac rwy'n yfed lager!"

Cyn bo hir roedd Luc a Tracy yn dawnsio yng nghanol y neuadd. Roedd breichiau'r bachgen yn teimlo'n gryf o gwmpas corff y ferch.

"Wyt ti'n gweithio'n galed?" gofynnodd Tracy.

"Weithiau. Ond mae'r peiriannau'n gwneud y gwaith caled fel arfer."

"Wel, rwyt ti'n gryf," meddai Tracy. "Wyt ti'n ymarfer mewn *gym*?"

Siglodd Luc ei ben.

"Does dim amser 'da fi," atebodd. "Rwy'n hoffi mwynhau fy hunan ar ôl y gwaith."

"Oes ffrindiau 'da ti yn Llundain?" gofynnodd Tracy.

"Nac oes, dim eto. Rydw i newydd gyrraedd y dref."

"Wyt ti'n byw yn Wandsworth, Luc?"

"Ydw."

"Fi hefyd," meddai'r ferch yn hapus. "Rhaid inni gwrdd eto."

"Wel, ga i fynd â ti adref?" gofynnodd y Cymro.

"Pam lai?" atebodd y ferch.

"Tracy …!"

Roedd y gân wedi gorffen ac roedd rhywun yn galw enw'r ferch. Trodd Luc ei ben a gwelodd fachgen tal yn sefyll wrth y bar.

"Dere yma am foment," gorchmynnodd y bachgen.

"Aros yma," meddai Tracy wrth Luc. "Mae Benny eisiau siarad â fi."

Roedd Benny yn ei ddauddegau ac roedd e'n gwisgo modrwyau aur ar ei fysedd. Doedd e ddim yn edrych yn gyfeillgar.

"Wyt ti'n dod adref gyda fi?" gofynnodd i'r ferch.

"Nac ydw," atebodd Tracy. "Mae cariad 'da ti'n barod. Rwy'n mynd adref gyda'r Cymro."

"Wel, bydd yn ofalus, Tracy," meddai Benny. "Dieithryn ydy e."

Ar ôl y noson gyntaf roedd Tracy a Luc yn cwrdd o leiaf ddwywaith bob wythnos. Roedd Tracy'n byw gyda'i theulu, ond doedd hi ddim yn hapus. Roedd hi eisiau rhannu fflat gyda ffrind, ond doedd dim arian ganddi.

"Ond rwyt ti yn yr ysgol o hyd," meddai Luc wrthi.

"Ydw, ond rydw i eisiau gadael yr ysgol cyn gynted ag y medra i. Rydw i eisiau teithio."

"Roeddwn i'n teithio pan oeddwn i'n filwr," meddai Luc. "Ond yna roedd rhaid i fi adael y fyddin."

"Pam?" gofynnodd y ferch o Lundain.

"Am resymau personol," meddai Luc. "Dydw i ddim eisiau sôn am hynny."

Am ryw reswm doedd Tracy ddim yn cyflwyno Luc i'w

ffrindiau; doedd hi ddim yn gwahodd y Cymro i bartis ei
ffrindiau hi chwaith. Roedden nhw'n cwrdd yn y sinema
neu mewn tafarn. Yna, un noson pan gwrddon nhw roedd
Luc yn edrych yn sâl iawn.

"Beth sy'n bod?" gofynnodd y ferch yn bryderus.
"Rwyt ti'n crynu, Luc!"

"Mae angen heroin neu cocên arna i, Tracy," atebodd y
Cymro. "Ond does dim cysylltiadau 'da fi yn Wandsworth."

Syllodd Tracy arno fe.

"Doedd dim syniad 'da fi, Luc," meddai hi.

"Dyna pam roedd rhaid i fi adael y fyddin," meddai
Luc. "Jynci ydw i!"

"Gwranda," meddai'r ferch. "Cer yn ôl i'r fflat ar
unwaith. Rwy'n mynd i gysylltu â ffrind fydd yn gallu dy
helpu."

Pum munud yn ddiweddarach roedd Tracy yn siarad â
Benny ar y ffôn. Am wyth o'r gloch roedd hi'n curo ar
ddrws y Cymro.

"Oes rhywbeth 'da ti, Tracy?" gofynnodd Luc. Roedd
y chwys yn rhedeg i lawr ei fochau.

"Oes," atebodd y ferch, ac aeth hi i mewn i'r fflat.
Rhoddodd hi becyn bach i'r bachgen ac aeth e â'r pecyn i
mewn i'r ystafell ymolchi. Pan ddaeth e'n ôl roedd e'n
edrych yn llawer gwell.

"Diolch, Tracy," meddai. "Diolch yn fawr. Faint sy
arna i i ti?"

"Deg punt," atebodd y ferch.

"Dim ond deg punt?" ebe'r Cymro. "Mae hynny'n
rhad iawn!"

"Ydy," meddai'r ferch. "Mae'r deliwr yn ffrind i fi, Luc."

15

Eisteddodd y Cymro ar y gwely.

"Wyt ti'n cymryd cyffuriau, Tracy?" gofynnodd.

"Nac ydw, Luc," atebodd hi. "Wel, weithiau rwy'n ysmygu pot. Ond mewn partis mae pawb yn cymryd rhywbeth."

Ar ôl y tro cyntaf roedd Tracy yn dod â stwff i Luc bob wythnos. Roedd Benny yn gwerthu'r stwff iddi hi, ond roedd e'n chwerthin am ei phen hi hefyd.

"Rwyt ti wedi syrthio mewn cariad â jynci, Tracy," meddai. "Ond mae'r jynci 'na wedi syrthio mewn cariad â chyffuriau. Mae'n well iti chwilio am rywun newydd i'w garu."

Yna, un diwrnod dywedodd Benny wrthi hi,

"Mae'r pris wedi codi'r wythnos 'ma. Rhaid i'r Cymro dalu pum deg punt."

"Ond, Benny," protestiodd y ferch. "Dydy Luc ddim yn gyfoethog."

"Mae dewis arall 'da fe," meddai'r deliwr. "Gall e weithio i fi."

"Gweithio i ti? Pa fath o waith?" gofynnodd Tracy.

"Gall e werthu cyffuriau ar y strydoedd," atebodd Benny. "Mae parti yn fy nhŷ i yfory, Tracy. Dere â Luc yno. Rwy'n mynd i wneud cynnig iddo fe."

Roedd wyneb y Cymro'n wyn pan gyrhaeddodd e'r parti.

"Dydw i ddim wedi cysgu am ddwy noson," meddai wrth Tracy. "Rwy'n teimlo'n ofnadwy."

Roedd pob ystafell yn llawn o bobl ifanc. Roedd rhai yn dawnsio a rhai yn gorwedd ar y llawr ac yn cysgu fel sombis.

Roedd Benny'n aros am Luc yn ei swyddfa.

"Arhosa y tu allan," meddai'r deliwr wrth Tracy. "Rydw i eisiau trafod pethau gyda Luc."

Aeth y ferch allan heb ddweud gair, a throdd Benny at y Cymro.

"Hoffet ti weithio i fi?" gofynnodd.

"Oes dewis 'da fi?" gofynnodd Luc yn chwerw.

"Nac oes," atebodd Benny. "Rwyt ti'n dibynnu arna i."

"Ga i'r stwff nawr?" erfyniodd y Cymro. "Dydw i ddim yn teimlo'n dda."

Agorodd Benny ddrws y drôr a thynnodd becyn allan. Estynnodd Luc am y pecyn.

"Un peth arall," meddai Benny'n oer. "Rwyt ti'n mynd i adael Tracy i fi."

"Beth?"

"Rwy'n ffansïo Tracy. Paid â mynd allan gyda hi. Iawn?"

"Iawn." Roedd llais y Cymro'n flinedig. "Nawr, ga i'r stwff, Benny?"

Roedd Benny yn siarad â ffrindiau yn y lolfa pan ddaeth Tracy ato fe.

"Beth oedd yn y pecyn, Benny?" meddai hi. "Mae Luc yn sâl iawn yn yr ystafell ymolchi. Mae e wedi cloi'r drws. All neb fynd i mewn."

"Problem Luc ydy hynny," atebodd Benny. "Arhosa gyda fi, Tracy."

Yn sydyn clywson nhw sŵn curo ar ddrws ffrynt y tŷ. Roedd lleisiau'n gweiddi:

"Agorwch y drws. Polîs!"

Aeth wyneb Benny yn llwyd. Roedd ei bocedi'n llawn

o gyffuriau. Rhuthrodd i fyny'r grisiau i'r ystafell ymolchi. Roedd rhaid iddo gael gwared o'r stwff i lawr y toiled. Ciciodd e'r drws i mewn.

Roedd Luc yn rhwystro ei ffordd e. Roedd y Cymro'n edrych yn iach iawn! Taflodd e Benny yn erbyn y wal.

"Plismon ydw i," meddai Luc. "Paid â symud."

Tra oedd yr heddlu'n arwain y bobl ifanc i ffwrdd, trodd Tracy at y Cymro.

"Rydw i mewn cawl ofnadwy, diolch i ti," meddai hi'n chwerw.

Siglodd Luc ei ben.

"Rwyt ti wedi bod mewn cawl ers amser hir, Tracy," atebodd e. "Rydw i wedi gwneud ffafr â ti, gobeithio …"

Llundain: London	syllu: to stare
cytuno: to agree	cyffuriau: drugs
peiriannau: machines	cyfoethog: wealthy
cyfeillgar: friendly	cynnig: to offer
dieithryn: stranger	dibynnu: to depend
byddin: army	

DIPLOMYDD

Cwrddon nhw un noson mewn dawns yng Nghaerdydd ar ddechrau'r chwedegau. Roedd Douglas yn byw yng Nghwm Rhondda ac roedd Christine yn byw yng Nghwm Cynon. Roedd Douglas yn astudio Ffrangeg a Sbaeneg yn y brifysgol, ac roedd Christine yn gweithio mewn siop yn Aberdâr.

Aethon nhw allan gyda'i gilydd tan ddiwedd cwrs

Douglas. Yna symudodd e i ffwrdd i Lundain, ond arhoson nhw mewn cysylltiad trwy lythyrau ac ar y ffôn. Roedd rhieni Douglas yn hoffi Christine yn fawr; merch bert oedd hi, a chwbl naturiol. Roedd rhieni Christine yn dwlu ar Douglas yntau:

"Bachgen clyfar iawn ydy e," meddai tad y ferch wrth ei wraig. "Bydd e'n mynd yn bell."

Ac roedd tad Christine yn iawn. Daeth Douglas yn ddiplomydd a symudodd i Libanus am sbel. Tra oedd e yno stopiodd ei lythyrau e'n sydyn. Roedd e wedi cwrdd â merch newydd, merch soffistigedig o Ffrainc. Ond pan symudodd Douglas i Ariannin ar ôl tair blynedd, collodd e gysylltiad â'r ferch o Ffrainc hefyd.

A dyna hanes bywyd Douglas: ym mhob gwlad roedd e'n cwrdd â merch hyfryd, ond yna roedd e'n symud ymlaen ac yn colli cysylltiad â hi. Roedd e'n bum deg pump oed ac yn ddi-briod pan gafodd e'r cyfle i ymddeol gyda phensiwn da.

"Wel, pam lai?" meddyliodd e. "Mae fy rhieni wedi marw ac mae tŷ gwag 'da fi yng Nghwm Rhondda. A' i adref i gwrdd â'm hen ffrindiau eto."

A dyna beth wnaeth e.

Yn y dechrau aeth popeth yn iawn; roedd pobl yn gyfeillgar ac roedd y cwrw'n dda yn y clwb lleol. Ond yna dechreuodd Douglas deimlo bod ei fywyd yn wag a'r dyddiau'n hir. Dyna pryd y dechreuodd e feddwl am ei hen gariad Christine am y tro cyntaf ers blynyddoedd.

"Rhaid i fi fynd i Gwm Cynon am drip yn y car," meddai e wrtho'i hunan. "Tybed a ydy Christine yn byw yn yr un lle? Tybed a ydy hi wedi priodi?"

Tra oedd e'n gyrru dros fynydd y Rhigos roedd ei ben e'n llawn o atgofion, a dechreuodd ei galon guro'n gyflymach pan welodd e bentref y ferch ar waelod y cwm.

Roedd hi'n bwrw glaw mân pan gyrhaeddodd e'r stryd lle roedd Christine yn byw yn y chwedegau. Roedd y stryd yn llawn o geir ac roedd rhaid iddo fe barcio'r car yn y stryd nesaf. Pan gerddodd e rownd y gornel sylweddolodd e pam roedd y stryd mor brysur. Roedd pawb ar eu ffordd i angladd.

Yn sydyn, agorodd drws hen gartref Christine, rhif 29, a daeth gweinidog allan, a grŵp o ddynion mewn dillad du yn cario arch.

"Druan o'r ferch," meddai gwraig oedd yn sefyll wrth ochr Douglas. "Doedd hi ddim yn hen."

Trodd Douglas ati hi. Roedd e mewn sioc.

"Oedd hi wedi priodi?" gofynnodd.

"Nac oedd," atebodd y wraig. "Roedd cariad 'da hi pan oedd hi'n ifanc ond phriodon nhw ddim. Roedd hi'n byw ar ei phen ei hunan ar ôl marwolaeth ei rhieni."

Aeth y dyrfa'n ddistaw, a theimlodd y diplomydd ddeigryn yn llifo i lawr ei wyneb. Roedd e'n teimlo'n wag.

Ar ben arall y stryd roedd Christine yn sefyll ar drothwy ei thŷ hi. Cafodd hi sioc i weld y dieithryn yn sefyll ar y palmant gyferbyn â rhif 29.

"Douglas ydy hwnna," meddyliodd hi. "Mae ei wallt e'n britho, ond dydy e ddim wedi newid ryw lawer. Mae ei ddillad e'n edrych yn ddrud; mae e wedi gwneud yn dda yn ei fywyd. Ond tybed beth mae e'n wneud yma? Sut roedd e'n nabod Iris Richards?"

Roedd Iris wedi prynu tŷ rhieni Christine rai

20

blynyddoedd yn gynt. Roedd Christine wedi priodi â dyn o'r enw Brian; roedden nhw'n dal i fyw yn yr un stryd, ond mewn tŷ gwahanol. Roedd Brian yn gweithio mewn ffatri, dair milltir i lawr y cwm.

Edrychodd Christine ar ei hen gariad am sbel. Roedd hi'n meddwl am yr hen ddyddiau pan oedd y ddau ohonyn nhw'n ifanc.

Yn sydyn clywodd hi'r tegell yn chwibanu yn y gegin.

"O'r nefoedd!" meddai hi wrthi'i hunan. "Bydd yr wyrion yn ôl o'r ysgol cyn bo hir, a does dim byd yn barod iddyn nhw!"

Ac yna aeth hi'n ôl i mewn i'r tŷ, gan gau'r drws ar ei hôl.

dwlu ar: to dote on
di-briod: unmarried
ymddeol: to retire
atgofion: memories
bwrw glaw mân: to drizzle

deigryn: tear
trothwy: threshold
gyferbyn â: opposite
wyrion: grandchildren

I'R DIM!

Darllenodd Alison yr hysbyseb yn y papur lleol:

"Hoffech chi ddod o hyd i gariad? Cysylltwch â Loveline, asiantaeth i bobl unig 18-25 oed."

"Wel, pam lai?" meddyliodd hi. "Dydw i ddim yn mynd allan gyda neb yn y pentref. Byddai'n braf cwrdd â bachgen o'r dref trwy'r asiantaeth 'ma."

A dweud y gwir, roedd dau fachgen diddorol yn y pentref – Roger a Steve. Roedd y ddau ohonyn nhw'n olygus, ond roedd Roger yn swil ac roedd e'n aros gartref bron bob nos. Roedd Steve yn llawn hunanhyder. Doedd e ddim yn mynd allan yn y pentref; roedd e'n mynd i'r dref bob penwythnos i gwrdd â merched yn y clybiau nos.

Cafodd Alison ateb cyn diwedd yr wythnos:

"Rydym ni wedi trefnu ichi gwrdd â bachgen dymunol yn nhafarn y King's Head nos Fercher nesaf am hanner awr wedi saith," meddai'r llythyr. "Bydd y bachgen yn gwisgo tei coch â streipen las, a bydd raid i chi wisgo rhosyn neu garnasiwn gwyn."

Aeth y ferch ar y bws i'r dref. Pan aeth hi i mewn i lolfa y King's Head, roedd hi'n teimlo'n nerfus.

"Fe gymera i hanner o lager," meddai hi wrthi'i hunan, "i setlo fy nerfau."

Ar ôl prynu'r ddiod, aeth hi i eistedd yng nghornel yr ystafell. Oedd pobl yn syllu arni hi? Doedd hi ddim yn siŵr, ond yn sydyn tynnodd hi'r blodyn gwyn i ffwrdd a'i guddio yn ei bag llaw.

"Mae ofn arna i," meddyliodd hi. "O, roeddwn i mor dwp yn dod yma!"

Yna agorodd drws y lolfa a daeth bachgen tal, golygus i mewn.

"O, na!" meddai Alison dan ei hanadl. "Steve ydy e. Tybed beth mae e'n wneud yma?"

Prynodd Steve beint wrth y bar. Pan drodd e rownd, cafodd Alison sioc fawr: roedd e'n gwisgo tei coch â streipen las! Ceisiodd hi edrych i ffwrdd, ond yn rhy hwyr. Roedd Steve wedi'i gweld hi. Daeth e'n syth at ei bwrdd hi.

"Alison," meddai. "Dyna syndod. Rydw i wedi dod yma i gwrdd â rhywun. Ga i eistedd?"

"Cei, wrth gwrs," atebodd y ferch, ond roedd ei hwyneb

hi'n goch. Beth roedd hi'n mynd i'w wneud nawr?

Yn y cyfamser roedd y bachgen yn syllu arni.

"Dydw i erioed wedi dy weld di'n edrych mor brydferth," meddai e'n esmwyth. "Wyt ti'n dod i'r dref yn aml?"

"Na ... nac ydw," atebodd Alison.

Roedd Steve yn edrych o gwmpas yr ystafell.

"Mae e'n chwilio am y blodyn gwyn," meddai'r ferch wrthi'i hunan. "O, rydw i mewn cawl nawr."

Yn sydyn gafaelodd Steve yn ei llaw hi.

"Rwyt ti'n crynu," meddai. "Wyt ti'n teimlo'n oer?"

"Na ... nac ydw," atebodd Alison.

Rhoddodd Steve ei fraich o gwmpas ei hysgwyddau. Roedd e'n gwisgo persawr eillio drud. Dechreuodd pen Alison droi; roedd e mor glòs ati hi.

"Rwy'n gwastraffu fy amser gyda merched y dref," meddai Steve. "Roedd Roger yn iawn; rwyt ti'n brydferth iawn, Alison."

Trodd hi ei phen a syllu arno fe.

"Roger ...?" meddai hi.

"Ie, mae e'n dwlu arnat ti; ond mae e'n rhy swil i siarad â ti. Gyda llaw, wyt ti'n gwybod pam rydw i yma heno?"

"Nac ydw."

"Rwy'n cymryd lle Roger," meddai Steve. "Mae e wedi trefnu cwrdd â merch trwy asiantaeth i bobl unig. Bydd y ferch yn gwisgo blodyn gwyn ar ei ffrog hi, ond dydy hi ddim wedi troi lan eto. Dyma pam rwy'n gwisgo tei Roger."

"Ble mae Roger nawr?" gofynnodd Alison.

"Y tu allan," atebodd Steve. "Roedd e'n rhy ofnus i ddod i mewn. Mae e eisiau i fi dorri'r garw iddo fe. Mae Roger yn anobeithiol; does dim hunanhyder 'da fe o gwbl. A, siŵr o fod, mae'r ferch mor benwan ag ef. Dydw i ddim yn edrych ymlaen at gwrdd â hi, ond yn ffodus rwyt ti yma, Alison."

Gwasgodd e law'r ferch a gwenodd arni hi fel crocodeil sy'n mynd i fwyta ei brae. Ceisiodd hi dynnu ei llaw i ffwrdd, ond doedd Steve ddim yn fodlon, ac roedd e'n rhy gryf.

"Steve," meddai hi. "Mae'n rhaid i fi fynd."

"Mynd …? I ble?"

"I'r toiled."

"O, iawn. Paid â bod yn hir."

Cerddodd hi allan o'r lolfa gan rwbio ei llaw. Ond yn lle troi i mewn i'r toiled aeth hi'n syth drwy'r drws ffrynt ac allan i'r stryd. Roedd Roger yn sefyll ar ei ben ei hun ar y palmant.

"Alison!" meddai e'n syn. "Wyt ti wedi gweld Steve?"

"Ydw," atebodd hi. "Mae e yn y lolfa."

"Ydy e ar ei ben ei hunan?" gofynnodd Roger.

Dechreuodd Alison feddwl yn gyflym.

"Nac ydy," atebodd hi. "Mae merch gyda fe, merch dal, soffistigedig."

Chwarddodd Roger yn eironig.

"Felly, maen nhw'n siwtio ei gilydd," meddai.

"Ydyn."

Edrychon nhw ar ei gilydd am foment.

"Ble rwyt ti'n mynd nawr?" gofynnodd Roger.

"I'r sinema."

"Ar dy ben dy hunan?"

"Ie. Roeddwn i'n mynd i gwrdd â ffrind, ond dydy hi ddim wedi troi lan."

"O …" Roedd e'n edrych mewn penbleth. Dechreuodd

hi gerdded i ffwrdd i lawr y stryd.

"Alison?"

"Ie?"

"Ga i ddod gyda ti?"

Trodd hi ato fe.

"Gyda fi? Wyt ti'n siŵr, Roger?"

"Ydw. Fe hoffwn i ddod gyda ti."

"O'r gorau," meddai hi â gwên fach.

Ar eu ffordd i'r sinema gafaelodd Roger yn llaw Alison. Ddim yn rhy gryf, ddim yn rhy wan. I'r dim!

asiantaeth: agency
hunanhyder: self-
    confidence
dymunol: nice
cuddio: to conceal
anadl: breath
esmwyth: smooth
mewn cawl: in the soup

gafael: to grab
ysgwyddau: shoulders
persawr eillio: aftershave
dwlu ar: to be crazy about
unig: lonely
iâ: ice
penwan: weak-headed

Y MILWR LWCUS

Annwyl Emily

Rydw i wedi cael diwrnod bendigedig heddiw. Y bore 'ma cyrhaeddodd negesydd o'r pencadlys a sachaid o lythyrau i'r milwyr. Ces i lythyr oddi wrthot ti ac un arall oddi wrth fy rhieni.

Mae'n dda gen i glywed bod y baban yn iawn. Mae'n rhyfedd meddwl bod gen i fab dydw i ddim wedi ei weld eto!

Doeddwn i ddim yn y gwersyll pan ddaeth y negesydd. Roedd Capten Benteen wedi penderfynu anfon dau ddyn i batrolio'r bryniau yr ochr draw i'r afon. Dewisodd e fi ac un o'r sgowtiaid Crow, Pluen Lwyd, felly gadawon ni'r gwersyll gyda'r wawr.

Teithion ni am ddwy awr heb weld dim byd, ond yna dywedodd y Crow ei fod e am ddringo'r creigiau i weld beth oedd yn digwydd yn y cwm nesa. Roedd y llethrau'n serth iawn, felly gadawon ni'r ceffylau yn y gwaelod.

Pan gyrhaeddon ni gopa'r mynydd cyfeiriodd y sgowt at gwmwl o lwch yn y pellter. Esboniodd e fod grŵp mawr o groengochiaid yn dod i fyny'r cwm. Roedd e'n iawn. Cyn bo hir roedden ni'n gallu gweld pobl ac anifeiliaid. Gwragedd a phlant oedd y mwyafrif ond roedd rhyfelwyr yn eu mysg nhw hefyd.

"Cheyenne ydyn nhw," meddai Pluen Lwyd wrtho i, ac yna poerodd e yn y llwch achos dydy'r Crow ddim yn hoffi'r Cheyenne o gwbl.

Aeth y Cheyenne heibio ar waelod y cwm a dilynon ni nhw am sbel gan gadw at grib y mynydd. O'r diwedd cyrhaeddodd y Cheyenne fasn lle roedd y croengochiaid wedi codi gwersyll enfawr. Roedd y gwragedd yn golchi dillad ar lan yr afon ac roedd y plant noeth yn chwarae yn y dŵr clir.

Yn sydyn rhoddodd y Crow ei law ar fy mraich a'm harwain at graig fawr wrth ochr y llwybr. Ddywedodd e ddim byd ond roedd yn amlwg ei fod e wedi gweld neu glywed rhywbeth.

Tra oedden ni'n cuddio y tu ôl i'r graig daeth grŵp o ryfelwyr Sioux heibio. Roedden nhw mor agos fel y clywais i un o'r ceffylau'n torri gwynt ac roedd fy nghalon yn fy ngwddf trwy'r amser! Diolch byth, sylwon nhw ddim arnon ni a llwyddon ni i gyrraedd y ceffylau heb weld rhagor o groengochiaid.

Ar ein ffordd yn ôl i'r gwersyll gwelson ni afr ar y creigiau. Roedd y Crow yn teimlo'n nerfus o hyd a doedd e ddim am wneud gormod o sŵn rhag ofn bod rhyfelwyr yn yr ardal, ond tynnais i fy reiffl a lladdais i'r afr ag un ergyd. Pan gyrhaeddon ni'r gwersyll a'r afr ar gefn un o'r ceffylau, cawson ni groeso cynnes gan fod pawb yn mwynhau cig ffres o bryd i'w gilydd.

Es i'n syth at Gapten Benteen â'r newyddion am wersyll y croengochiaid. Dywedodd y capten ei fod e'n gwybod bod y Sioux a'r Cheyenne wedi trefnu cyfarfod mawr yn y mynyddoedd, ond roedd e'n synnu ein bod ni mor agos at eu gwersyll nhw.

"Mae llywodraeth yr Unol Daleithiau wedi gorchymyn iddyn nhw ddychwelyd i'w tiroedd," meddai Benteen. "Gobeithio na fydd y croengochiaid yn ystyfnig. Mae byddin fawr 'da ni ar lannau afon Yellowstone i'r gogledd. Felly mae'r Sioux a'r Cheyenne mewn trap."

Cyn imi adael y babell rhoddodd e wydraid o wisgi i fi, yna aeth e â'r newyddion at y cyrnol. Pan es i'n ôl i'm pabell roedd fy ffrindiau'n chwarae cardiau. Ymhen hanner awr roeddwn i wedi ennill wyth doler, ond dydw i ddim wedi gorffen y stori eto!

Tra oedden ni'n chwarae agorwyd drws y babell yn sydyn a daeth y cyrnol ei hunan i mewn. Dyn tal â gwallt hir melyn a llygaid glas dwfn ydy e.

"P'un ohonoch chi ddarganfuodd wersyll y Sioux y bore 'ma?" gofynnodd y cyrnol.

"Fi, syr," dywedais i gan daflu'r cardiau i lawr a neidio ar fy nhraed. Edrychodd e ar yr arian o'm blaen i.

"Wyt ti'n ennill?" gofynnodd.

"Ydw, syr," atebais i. "Rydw i wedi bod yn lwcus iawn heddiw."

"Wel, 'machgen i," meddai fe. "Rwy'n hoffi cwmni pobl lwcus. Yfory fyddi di ddim yn y cefn gyda Capten Benteen, ond yn y blaen gyda fi."

Felly, Emily, bore fory byddwn ni'n ymosod ar wersyll y croengochiaid ac yn rhoi sioc mawr i Sitting Bull, Crazy Horse, Gall, a'r lleill. A rhyw ddiwrnod bydd ein mab ni'n gallu dweud wrth ei ffrindiau bod ei dad wedi brwydro wrth ochr yr enwog George Armstrong Custer.

O waelod fy nghalon

Frank

Afon Little Big Horn

24 Mehefin 1876

bendigedig: wonderful
croengochiaid: redskins
crib: ridge
negesydd: messenger
basn: bowl
pencadlys: headquarters
noeth: naked
gwersyll: camp
torri gwynt: to break wind
gwawr: dawn
fy nghalon yn fy ngwddf:
   on tenter-hooks
cwm: valley

gafr: goat
llethr(au): slope(s)
ergyd: blow
serth: steep
o bryd i'w gilydd: from
   time to time
copa: peak
synnu: to be surprised
cyn bo hir: before long
llywodraeth: government
yn eu mysg: amongst them
gorchymyn: command

NERYS

Pan fu farw mam Kirsty, trodd y ferch at ei thad am gysur. Roedd hi'n bedair ar ddeg oed, ac roedd rhan bwysig o'i bywyd hi wedi diflannu.

Roedd Jeff, tad Kirsty, yn teimlo'n wag hefyd, ond penderfynodd e dderbyn y sialens i ailadeiladu ei fywyd â help ei ferch. Prynodd e gi – corgi o'r enw Dylan. Byddai Kirsty yn mynd â'r ci am dro bob bore tra bod Jeff yn paratoi brecwast iddyn nhw; ac yn yr hwyr byddai'r ddau ohonyn nhw'n mynd â'r ci am dro hir yn y parc neu ar lan yr afon.

Os oedd Jeff yn teimlo'n drist ar ôl marwolaeth ei wraig, siaradodd e ddim am ei dristwch wrth ei ferch, ac os oedd Kirsty yn teimlo'n drist roedd hi'n ceisio gwenu pan oedd hi gyda'i thad.

Roedd Kirsty yn mynd i'r ysgol gyfun leol, ac roedd Jeff yn gweithio mewn swyddfa yng nghanol y dref. Byddai'r ddau ohonyn nhw'n gwylio'r teledu gyda'i gilydd pan nad oedden nhw allan gyda'r ci; ond bob nos Wener roedd Kirsty yn mynd i'r clwb ieuenctid yn yr ysgol, ac roedd Jeff yn mynd i'r dafarn i chwarae dartiau gyda'i ffrindiau.

Ond yna, un noson, dywedodd Jeff yn sydyn:

"Dydw i ddim yn gallu mynd am dro hir gyda'r ci heno, Kirsty. Rwy'n cwrdd â ffrind yn y dref."

"Ffrind – pa ffrind?" gofynnodd Kirsty. Fel arfer doedd ei thad hi ddim yn mynd allan yn ystod yr wythnos.

"O, dim ond ffrind o'r swyddfa," atebodd Jeff, heb esbonio dim byd.

Ond cyn bo hir dysgodd y ferch fod Jeff yn mynd allan gyda gwraig o'i swyddfa. Un noson daeth e â hi adref.

29

"Dyma Nerys," meddai e wrth ei ferch. "Mae hi'n newydd yn y swyddfa. Mae hi'n mynd i gael te gyda ni."

Dros yr wythnosau canlynol cwrddodd Jeff â Nerys bron bob nos. Gwraig brydferth oedd hi, â gwallt du hir a llygaid brown. Roedd hi'n ifancach na Jeff; roedd hi yn ei dauddegau o hyd. Gwraig dawel oedd hi, a doedd hi ddim yn siarad llawer. Doedd Kirsty ddim yn ei hoffi hi.

"Mae hi'n rhy ddwfn," meddyliodd y ferch. "Ac mae hi'n gwenu trwy'r amser. Does neb yn gallu bod mor hapus â hynny!"

Ond a dweud y gwir, roedd Jeff hefyd yn gwenu pan oedd e gyda Nerys. Roedd y lliw wedi dod yn ôl i'w ruddiau, ac roedd e'n chwibanu'n hapus tra oedd e'n eillio yn y bore. Ond pan ofynnodd Kirsty gwestiynau iddo fe am y wraig, roedd yn amlwg nad oedd e'n gwybod dim byd o gwbl am Nerys.

"Dydw i ddim yn gwybod o ble mae hi'n dod," atebodd Jeff. "Mae hi wedi symud o le i le. Ei rhieni hi? Does dim syniad 'da fi, Kirsty. Dydy Nerys ddim yn siarad am ei theulu o gwbl. Symudodd hi i Gymru ddau fis yn ôl. Cyn hynny roedd hi'n byw ac yn gweithio yn Llundain. Ond pa ots? Mae hi'n ferch hyfryd."

Roedd Dylan y ci yn hoffi Nerys hefyd. Roedd e'n hapusach yn y parc pan oedd Nerys yn mynd gyda nhw, ac yn y tŷ roedd y ci'n hoffi eistedd wrth ei hochr hi ar y soffa. Yna sylweddolodd Kirsty fod Nerys yn cymryd lle ei mam yn y tŷ.

Cyn bo hir roedd Kirsty yn ceisio osgoi Nerys ar bob achlysur. Ar ôl te roedd hi'n mynd yn syth i'w hystafell wely i ddarllen llyfr, ac roedd hi'n chwilio am unrhyw

30

esgus i beidio â mynd allan gyda'r ci tra oedd Nerys yn ymweld â nhw.

"Mae'r ysgol yn rhoi gormod o waith cartref iddi hi," meddai Jeff wrth Nerys. "Mae hi'n gweithio trwy'r amser."

Roedd Nerys yn gallu teimlo'r tensiwn pan oedd hi gyda Kirsty, ond roedd Jeff yn rhy hapus i sylwi ar dristwch ei ferch. Un noson daeth e â phecyn o daflenni lliwgar adref.

"Hoffet ti ddod i Sbaen gyda ni, Kirsty?" gofynnodd e gan wenu.

"I Sbaen?" meddai Kirsty'n araf. "Gyda phwy?"

"Gyda Nerys a fi, wrth gwrs," atebodd ei thad. "Rwy'n mynd i roi Dylan mewn cenel am bythefnos."

Trodd wyneb y ferch yn goch.

"Dydw i ddim am fynd i unman gyda'r wraig 'na," atebodd hi'n grac. "Mae'n well i ti fy rhoi i mewn cenel hefyd!"

Ac yna rhedodd hi allan o'r ystafell gan glepian y drws y tu ôl iddi.

Ar ôl hynny soniodd ei thad ddim am wyliau yn Sbaen. Ar yr un pryd peidiodd Nerys â dod i'r tŷ. Doedd Jeff ddim yn mynd allan i gwrdd â hi chwaith. Diflannodd y lliw o'i ruddiau a daeth yr hen dristwch yn ôl.

Roedd yr awyrgylch yn y tŷ wedi newid hefyd. Roedd Jeff yn fwy tawel, ac roedd ei feddwl ar bethau eraill pan oedden nhw allan gyda Dylan y ci.

Yn y diwedd penderfynodd Kirsty siarad yn blaen â'i thad.

"Doedd dim rhaid iti beidio â gweld Nerys o'm

herwydd i," meddai hi.

"Dydy Nerys ddim eisiau fy ngweld i," atebodd Jeff yn drist. "Dydy hi ddim wedi rhoi unrhyw esboniad. Mae hi'n fy osgoi i yn y swyddfa."

Y dydd Sadwrn canlynol roedd Kirsty yn siopa yn y dref pan welodd hi Nerys yn siarad â dyn tal yn y stryd. Roedd Nerys yn gwenu, a'r dyn hefyd. Yn sydyn teimlodd y ferch yn grac; roedd y wraig 'na wedi anghofio am ei thad yn barod. Roedd hi wedi ei wneud e'n drist a nawr roedd hi'n mynd allan gyda rhywun arall. Pan gerddodd y dyn i ffwrdd, croesodd Kirsty y ffordd i siarad â hi.

"Gobeithio eich bod chi'n hapus gyda'ch cariad newydd," meddai hi'n sych. "Dydy Dad ddim yn hapus o gwbl."

Trodd Nerys ati hi. Roedd ei gwên hi wedi diflannu.

"Os wyt ti am siarad â fi," meddai hi, "dere i'r caffe gyda fi, achos rydw i am siarad â ti os wyt ti'n fodlon."

Eisteddon nhw gyferbyn â'i gilydd ger y ffenestr.

"Fe beidiais i â dod i'r tŷ pan glywais i am y gwyliau, a sut roeddet ti wedi colli dy dymer," meddai Nerys. "Ces i fy magu mewn cartref i blant amddifad, Kirsty. Does dim teulu 'da fi o gwbl – dim rhieni, dim ci, dim byd."

Edrychodd Kirsty arni'n syn. Aeth Nerys yn ei blaen.

"Pan welais i fy mod i'n dod rhyngddot ti a Jeff, fe benderfynais i gadw draw. Rwyt ti'n lwcus, Kirsty. Er dy fod ti wedi colli dy fam, mae tad gwych 'da ti o hyd. Dydw i ddim am newid dim byd yn dy fywyd di. Wyt ti'n deall nawr?"

Clywodd Jeff y drws ffrynt yn agor, a dechreuodd Dylan gyfarth yn gyffrous. Yna agorodd drws y lolfa a daeth Kirsty i mewn. Roedd ei llygaid hi'n disgleirio ac roedd gwên ar ei gwefusau.

"Dad," meddai hi'n swil, "mae ymwelydd gennyt ti ..."

diflannu: to disappear	taflenni: brochures
lleol: local	osgoi: to avoid
ieuenctid: youth	cyfeiriad: direction
esbonio: to explain	bodlon: willing
canlynol: following	amddifad: orphan
eillio: to shave	cyfarth: to bark
sylweddoli: to realize	ymwelydd: visitor

Y RHYBUDD

Cododd Llifftenant John Price ei ben a gweld golau cynta'r wawr yn ymddangos yn y dwyrain. Oriau mân y bore yn Ynysoedd y Falklands. Roedd hi wedi bwrw glaw yn ystod y nos ac roedd y ddaear yn wlyb ac yn oer dan ei sach gysgu.

"Syr ...?" Llais Sarsiant Shepherd oedd e.

"Ie?"

"Coffi, syr." Roedd y cwpan yn boeth rhwng ei ddwylo. "Sut gysgoch chi, syr?"

Cymerodd y swyddog y cwpan. Roedd ei ddwylo'n crynu a diferodd tipyn o'r coffi i'r ddaear.

"Ddim yn dda, Shepherd," meddai.

"Roeddech chi'n siarad yn eich cwsg, syr."

Profodd Price y coffi. Roedd e'n gryf.

"Beth ddywedais i?"

"Dim byd o bwys."

Edrychodd y sarsiant ar y swyddog. Roedd gruddiau'r lifftenant yn goch fel petai gwres arno fe.

"Byddwn ni'n ymosod mewn awr, syr."

"Y ffrynt i gyd?"

"Ie. Bydd y Paras yn dechrau'r ymosodiad."

"Beth amdanon ni?"

"Mae bryn o'n blaen ni. Yn ôl *reconnaissance* mae'n bosibl fod nyth o Arjis mewn byncer ar ben y bryn. Bydd y Paras yn symud ymlaen ar y gwastadedd. Os bydd rhywun yn tanio o ben y bryn bydd rhaid inni ddinistrio'r byncer."

Roedd chwys yn rhedeg i lawr talcen John Price. Roedd e wedi cael breuddwyd gas yn y nos. Breuddwyd am farwolaeth, fel petai rhywun yn ei rybuddio.

"Rhaid i fi siarad â'r dynion," meddai Shepherd.

"Arhoswch am funud, Sarsiant."

Roedd y lifftenant yn chwilio yn ei boced. Tynnodd waled ledr allan, a thynnod lun o'r waled. Llun merch oedd e. Merch brydferth â gwallt hir, golau.

Estynnodd Price y llun i'r sarsiant.

"Llun fy nghariad," meddai.

Trodd Shepherd y llun ac edrych ar y cefn lle roedd llaw merch wedi sgrifennu, "Rwy'n dy garu di. Mari".

"Cadwch y llun i fi," meddai'r lifftenant. "Os bydd rhywbeth yn digwydd i fi yn ystod yr ymosodiad, anfonwch y llun yna at fy nheulu yng Nghymru."

Roedd wyneb y swyddog yn ddifrifol iawn. Roedd e'n ceisio anghofio ei freuddwyd, ond roedd delw marwolaeth yn troi yn ei ben trwy'r amser. Ceisiodd y sarsiant wenu. Doedd e ddim yn hoffi'r sefyllfa o gwbl. Roedd yn rhaid i swyddog fod yn hyderus er mwyn calonogi'r platŵn.

"Fydd dim byd yn digwydd i chi, syr," meddai "Mae ..."

"Cadwch e!" Roedd y lifftenant yn grac. Roedd e ar bigau'r drain. "Nawr, ewch i baratoi'r platŵn."

Yn fuan clywon nhw sŵn y gynnau mawr yn saethu ar filwyr Ariannin. Roedd y platŵn wedi symud ymlaen at droed y bryn ac roedd Price yn gwylio'r byncer trwy ei finocwlars. Cyhoeddodd y radio fod y Paras wedi symud ymlaen hefyd.

"Tac, tac, tac ..."

Roedd gwn awtomatig yn fflachio ar ben y bryn lle roedd milwyr Ariannin wedi adeiladu eu byncer o gerrig.

"Syr ..." Roedd Shepherd wedi symud at ochr y swyddog.

"Rwy'n gwybod, Sarsiant. Rhaid inni gymryd y bryn."

Edrychodd Shepherd arno fe. Roedd llinellau dwfn ar draws talcen y lifftenant.

"Syr, gadewch i fi fynd â phedwar neu bum dyn."

"Na."

Roedd Price wedi penderfynu. Doedd e ddim yn gallu cuddio y tu ôl i'r lleill. Roedd rhaid iddo fe arwain. Cofiodd e'r freuddwyd – ai marw fyddai ei dynged? Doedd dim ots; roedd e'n teimlo'n dawel nawr.

"Anelwch bob gwn at y byncer," meddai wrth Shepherd. "Rwy'n mynd i fyny."

Rhoddodd y sarsiant y gorchymyn a dechreuodd y milwyr saethu'n ffyrnig. Cododd Price ar ei draed a dechrau rhedeg i fyny'r bryn.

"Tac, tac, tac ..."

Aeth y Cymro ymlaen, a'i wn yn ei law, heb sylwi ar y

bwledi oedd yn mynd heibio iddo bob eiliad. Oedd ei enw wedi cael ei sgrifennu ar un o'r bwledi 'na? Oedd, mae'n debyg, meddyliodd.

Synnodd wrth weld ei fod e wedi cyrraedd wal y byncer yn ddiogel. Heb frysio, tynnodd fom llaw o'i wregys a'i daflu i mewn i'r byncer. Ffrwydrodd y byncer â sŵn mawr a chwympodd rhan o'r wal. Yr un foment distawodd y gwn awtomatig.

Dim ond un corff oedd yn y byncer, corff is-lifftenant ifanc. Roedd e wedi anfon ei ddynion yn ôl ond roedd e wedi aros yno i rwystro ymosodiad y Prydeinwyr. Roedd e wedi marw ar unwaith yn y ffrwydrad ac roedd ei wyneb yn waed i gyd.

Aeth Price drwy bocedi'r swyddog i chwilio am ei ddogfennau. Gyda'i bapurau roedd llun merch. Merch brydferth oedd hi, â gwallt hir, du. Edrychodd John Price ar y llun. Roedd llaw merch wedi sgrifennu'r geiriau: "Te amo. Maria".

oriau mân: early hours
cwympo: to fall
diferu: to spill
cwsg: sleep
dim byd o bwys: nothing
    of importance
fel petai: as if
byncer: bunker
tanio: to fire
difrifol: serious
delw: image

sefyllfa: situation
hyderus: confident
calonogi: to encourage
crac: angry
Ariannin: Argentina
troed y bryn: bottom of
    the hill
tynged: fate
dim ots: no matter
anelu: to aim
ffyrnig: furiously

syndod: surprise
gwregys: belt
ffrwydro: to explode
is-: sub-

rhwystro: to stop
Prydeinwyr: British
dogfennau: documents

YR HUNLLEF

Roedd Lifftenant Croft wedi mynd yn rhy bell ymlaen. Roedd e wedi colli gweddill y platŵn a nawr roedd e ar ei ben ei hun yn y tywyllwch.

Roedd ganddo fap o Tobruk ond doedd e ddim am fentro cynnau ei dors ac edrych arno. Beth bynnag, roedd llawer o adeiladau wedi'u dinistrio gan fomiau'r Almaenwyr. Roedd strydoedd cyfan wedi diflannu; fyddai map ddim yn help o gwbl.

Gallai glywed ergydion a ffrwydradau yn y pellter. Yna gwelodd e olau cyntaf y wawr yn y dwyrain. Roedd rhaid iddo fe frysio i gyrraedd ei linellau eto.

Yn raddol dechreuodd ffurfiau'r coed a'r adeiladau ymddangos o'i gwmpas. Gwelodd ei fod e'n sefyll yng nghornel sgwâr fawr. Yna clywodd e leisiau ac aeth i guddio yng nghysgod y tŷ agosaf.

Roedd y lleisiau'n glir iawn erbyn hyn. Roedd grŵp bach o filwyr Eidalaidd yn croesi'r sgwâr. Roedden nhw'n siarad ac yn chwerthin fel plant ysgol.

Fyddai milwyr Almaenig ddim yn gwneud hyn. Roedd gan yr Almaenwyr fwy o ddisgyblaeth.

Daeth yr Eidalwyr rownd y gornel a gweld Croft yn cyfeirio ei wn sten atyn nhw. Doedd dim cyfle iddyn nhw dynnu eu gynnau. Codon nhw eu dwylo i'r awyr. Roedd y rhyfel drosodd iddyn nhw.

Aeth Mrs Croft at y cwpwrdd a thynnu allan hen ddillad milwrol y brigadwr. Gosododd hi'r dillad yn ofalus ar y gwely. Yna agorodd hi ddrôr a thynnu allan flwch porffor.

Roedd y blwch yn llawn o fedalau: Dunkirk 1940, Tobruk 1941, Alamein 1942, Sicily 1943, Casino 1944. Roedd cerdyn ar y bwrdd hefyd, yn hysbysebu cyfarfod Merched y Wawr ar y cyntaf o Fedi, 1992. "Bydd y Brigadwr Nigel Croft yn siarad ar y testun: 'Chwarae teg mewn rhyfel'."

Roedd y grŵp o Eidalwyr yn eistedd yn dawel ar y ddaear, heb edrych ar y lifftenant ifanc oedd yn dal i gyfeirio'r gwn sten atyn nhw.

Yn sydyn, gwelodd Croft ffigur yn symud ym mhen draw'r sgwâr. Milwr Almaenig oedd e; yna gwelodd e ffigurau eraill. Cyn bo hir roedd dwsin o filwyr Almaenig wedi mentro i mewn i'r sgwâr.

Dechreuodd y chwys redeg i lawr wyneb Croft. Sut roedd e'n mynd i gyrraedd llinellau'r Prydeinwyr a grŵp o Eidalwyr yn glwm wrtho? Sylweddolodd ei fod e mewn sefyllfa amhosibl. Allai e ddim eu gadael nhw yma gyda'u harfau chwaith.

"Sefwch," gorchmynnodd e. "Ewch at y wal!"

Edrychodd yr Eidalwyr arno heb ddeall. Roedd y lifftenant ar bigau'r drain.

"Codwch!" gwaeddodd eto, ond symudon nhw ddim.

Yn sydyn trodd Croft y gwn sten arnyn nhw a gwasgodd y triger...

Clywodd Mrs Croft ei gŵr yn gweiddi yn ei ystafell wely a rhuthrodd hi i weld beth oedd yn digwydd. Roedd yr hen ddyn yn eistedd yn syth i fyny yn y gwely; roedd ei lygaid yn wyllt.

"Beth sy'n bod?" gofynnodd ei wraig yn ofidus. "Hunllef arall?" Siglodd y brigadwr ei ben. Nid hunllef arall, meddyliodd e, ond yr un hunllef ddychrynllyd bob nos…!

beth bynnag: anyway
dinistrio: to destroy
yn raddol: gradually
ffurf/iau: shape/s
o'i gwmpas: around him
cuddio: to hide
erbyn hyn: by now
disgyblaeth: discipline
cyfeirio: to point

hysbysebu: to advertise
siawns: chance
cyn bo hir: before long
yn glwm: tied
sefyllfa amhosibl:
   impossible situation
ar bigau'r drain: on edge
dychrynllyd: terrifying

Y SAETHU

Doedd Harri ddim yn mentro allan yn y nos. Dyna pryd roedd milwyr y Viet Cong yn dod i mewn i'r pentref i fwyta gyda'r pentrefwyr. Roedd Harri'n gwybod beth oedd yn digwydd ond doedd e ddim yn gallu gwneud dim byd. Fe oedd yr unig filwr Americanaidd ar ôl yn y pentref ac roedd y Viet Cong yn rhy gryf iddo fe.

Doedd e ddim yn mentro rhoi'r golau ymlaen chwaith. Byddai golau yn darged hawdd i'r gelyn. Na, roedd e'n treulio'r nos yn y tywyllwch yn gwrando ar y radio ac yn

39

glanhau ei arfau.

Roedd y radio'n dal i gyhoeddi bod yr Americanwyr wedi gadael Viet Nam a bod y gwleidyddion yn siarad am gadoediad. Doedd Harri ddim yn credu popeth a glywai ar y radio. Roedd e'n siwr fod y Viet Cong wedi cael gafael ar yr orsaf radio. Roedd yr acenion yn Americanaidd ond roedd y Viet Cong yn gallu defnyddio carcharorion Americanaidd i ddarllen y newyddion.

Yn y dydd roedd e'n gwylio'r pentref trwy finocwlars. Os oedd popeth yn edrych yn dawel roedd e'n mentro allan am dro. Roedd y pentrefwyr yn esgus bod yn gyfeillgar ond doedd Harri ddim yn ymddiried ynddyn nhw. Felly roedd e'n cario'i Browning o dan ei siaced trwy'r amser.

Pan oedd y tywydd yn boeth, fel ar hyn o bryd, roedd e'n meddwl am y pwll o ddŵr clir ar y ffordd i lawr i'r pentref. Weithiau, wrth iddo fynd heibio i'r pwll roedd e'n teimlo fel neidio i mewn a mwynhau'r dŵr oer. Ond roedd hynny'n amhosibl gan ei fod yn cario gwn. Doedd e ddim yn gallu gadael y Browning wrth ochr y pwll; byddai hynny'n rhy beryglus.

Ond heno roedd y gwres yn ofnadwy. Roedd yr haul wedi machlud awr yn ôl ond doedd yr awyr ddim wedi oeri o gwbl. Edrychodd ar ei wats: deg o'r gloch. Fel arfer doedd y Viet Cong ddim yn cyrraedd y pentref cyn hanner nos. A fyddai'n bosibl …?

Gwisgodd ei wregys dryll a'i siaced, yna aeth allan i'r ffordd oedd yn arwain i'r pentref. Roedd y ffordd yn wag gan fod y pentrefwyr i gyd wedi mynd adref am y noson.

Tra oedd e'n cerdded roedd y chwys yn rhedeg i lawr ei wyneb. Pan gyrhaeddodd e'r pwll roedd popeth yn ddistaw

40

ac eithrio sŵn y trychfilod yn y glaswellt a'r coed.

Tynnodd ei ddillad i gyd a neidiodd i mewn i'r pwll. O, roedd y dŵr yn hyfryd! Dechreuodd weiddi fel plentyn, ond yna cofiodd lle roedd e a dechreuodd nofio heb wneud sŵn.

Nofiodd am chwarter awr o leiaf, yna gwisgodd ei ddillad heb sychu ei gorff. Penderfynodd fynd i mewn i'r pentref a phrynu bwyd yn y siop fach. Roedd y stryd fawr yn wag, ond roedd golau ym mhob tŷ. Roedd y pentrefwyr yn paratoi swper i'r Viet Cong. Roedd rhaid iddo fe frysio.

Gwelodd e olau yn ffenestr y siop, ond pan gurodd ar y drws chafodd e ddim ateb. Curodd eto ac eto ond agorodd y drws ddim. Teimlodd Harri ei dymer yn codi bob eiliad a thynnodd y Browning o'i wregys.

Cymerodd gam yn ôl a chiciodd e'r drws i mewn. Gwelodd gysgod yng nghhornel y siop a saethodd heb rybudd. Clywodd boteli'n torri ond symudodd y cysgod ddim. Saethodd Harri eto.

Yna, clywodd gerbyd yn dod i fyny'r stryd. Roedd y Viet Cong wedi cyrraedd! Rhedodd allan o'r siop a gwelodd y cerbyd yn sefyll yn ei ffordd. Cododd y Browning a saethodd ddwywaith. Clywodd e wydr yn torri a lleisiau'n gweiddi. Clywodd e ergyd hefyd a theimlodd boen ofnadwy yn ei frest. Yna syrthiodd Harri i'r ddaear gan wybod ei fod yn marw ...

Drannoeth ymddangosodd yr eitem hon yn yr *Herald Tribune*:

Saethu yn Arkansas: Neithiwr cafodd heddlu Camdenville alwad ffôn i ddweud bod dyn noeth yn nofio ym mhwll nofio'r ysgol gynradd leol. Pan gyrhaeddon nhw'r fan roedd y dyn wedi gadael y pwll a thorri i mewn i siop leol. Saethodd y dyn at yr heddlu a saethon nhw'n ôl ato. Bu farw'r dyn yn y fan a'r lle. Yn ôl ein gohebydd, Harri Martin oedd enw'r dyn ac roedd e wedi bod yn filwr yn Viet Nam.

mentro: to venture
gwleidydd(ion):
   politician(s)
acen(ion): accent(s)
golygu: to mean
esgus: pretend
ar hyn o bryd: at this
   moment
gwregys dryll: gun belt

arwain: lead
chwys: perspiration
ac eithrio: except for
trychfilyn (trychfilod):
   insect(s)
cysgod: shadow
drannoeth: the next day
   (the day after)
yn y fan a'r lle: on the spot

SYNNWYR CYFFREDIN

Roedd Linda Pritchard yn byw mewn pentref bach ger Abertawe. Roedd hi'n dri deg oed, ac roedd dau blentyn ganddi – Alis, wyth mlwydd oed, a Jonathan, un mlwydd oed. Roedd gŵr Linda, Dafydd, yn adeiladydd ac roedd busnes da ganddo.

Yn anffodus, doedd Dafydd ddim yn hoffi gwario arian o gwbl. Dyn hen ffasiwn oedd e; pan oedd e'n dod yn ôl o'r gwaith, roedd e'n hoffi eistedd o flaen y teledu am y noson. Os oedd rhaid iddo fe fynd â'r teulu i fwyty neu i'r sinema roedd e'n cwyno am y gost bob tro.

"Beth, talu ugain punt i fynd â'r teulu i'r sinema," meddai, "pan mae ffilmiau ar y teledu yn rhad ac am ddim?"

"Ond mae'r plant yn mwynhau mynd allan am y noson," protestiodd Linda.

"Wrth gwrs eu bod nhw'n mwynhau," atebodd ei gŵr. "Ond mae'n rhaid iddyn nhw ddysgu gwerth arian hefyd. Rwyt ti'n rhoi popeth iddyn nhw, Linda. Does dim synnwyr cyffredin 'da ti."

Roedd yr un peth yn digwydd pan oedd angen dillad newydd ar y plant.

"Beth, ugain punt am bâr o jîns?" meddai Dafydd. "Mae'r ferch 'na yn gwisgo fel tywysoges!"

"Dydw i ddim yn gallu prynu popeth mewn siop elusen," atebodd Linda.

"Pam lai?" meddai Dafydd. "A beth am y farchnad awyr-agored yn y pentref?"

Doedd dim swydd gan Linda achos roedd hi'n gofalu am y baban. Yn ffodus, roedd ffrind da ganddi hi yn y pentref, Sarah Jones. Prifathrawes oedd Sarah ar un adeg, ond erbyn hyn roedd hi wedi ymddeol.

Bob prynhawn roedd Linda yn mynd â'r baban yn y pram i dŷ Sarah. Roedd y ddwy wraig yn hoffi cael cwpanaid o goffi gyda'i gilydd a siarad am bopeth oedd yn mynd ymlaen yn y pentref. Roedd y gyn-brifathrawes yn hoffi gwrando ar Linda, achos roedd y wraig ifanc yn ddoniol iawn, yn arbennig pan oedd hi'n siarad am ei gŵr hi, Dafydd.

"Daeth llythyr i'r tŷ y bore 'ma," meddai hi wrth Sarah. "Roedd Dafydd yn edrych mor ddifrifol pan agorodd e'r amlen, roeddwn i'n meddwl bod aelod o'r teulu wedi marw, ond dim ond bil ffôn oedd e!"

Ac eto:

"Gofynnodd ein merch ni, Alis, neithiwr a fyddwn ni'n

mynd dramor am ein gwyliau haf fel ei ffrindiau hi yn yr ysgol."

"Beth ddywedodd Dafydd?" gofynnodd Sarah.

"O, byddwn," atebodd Linda â gwên fach. "Ond dim ond os byddwn ni'n ennill y Loteri Genedlaethol yn y cyfamser!"

Un prynhawn, pan oedden nhw wedi gorffen eu coffi, aeth Sarah at y peiriant radio casét yng nghornel yr ystafell a thynnu casét allan.

"Rydw i wedi recordio ein sgwrs ni heddiw," meddai hi wrth Linda.

Roedd Linda mewn panig am foment.

"Ond pam, Sarah?" gofynnodd hi. "Wyt ti'n mynd i'm blacmelio i?"

"Nac ydw, y dwpsen," atebodd Sarah gan chwerthin. "Ond rwy'n mynd i chwarae'r casét yn ôl i ti, achos dwyt ti ddim yn sylweddoli pa mor ddoniol ydy dy storïau di am Dafydd."

Yna gwrandawon nhw ar y casét, gan chwerthin trwy'r amser.

"Ond paid â recordio dim byd eto," meddai Linda gan sychu ei llygaid. "Bydda i'n rhy nerfus i siarad."

Ond yr wythnos wedyn roedd newyddion gan Sarah i Linda.

"Anfonais i'r casét 'na i hen ffrind yn y BBC," meddai hi. "Ces i ateb y bore 'ma. Mae hi'n dwlu arnat ti, Linda. Mae hi eisiau iti sgrifennu sgriptiau ar gyfer y radio."

"Fi …?" meddai Linda'n syn. "Ond …"

"Dim *ond* o gwbl," atebodd ei ffrind. "Mae hobi fel yna yn talu'n dda. Rwy'n barod i dy helpu di."

"Ond beth am Dafydd?"

"Fydd e ddim yn gwybod dim byd," meddai Sarah. "Rhaid iti roi enw gwahanol iddo fe a phawb arall; a dewis ffugenw i ti dy hun."

Roedd dychymyg Linda yn rhedeg yn wyllt. Roedd hi'n meddwl am ddillad i'r plant, tocynnau sinema, bwytai, a gwyliau tramor i'r teulu.

"Os ydw i'n mynd i gael ffugenw," meddai hi, "bydd eisiau cyfrif banc newydd arna i hefyd."

Gwenodd Sarah.

"Wrth gwrs, Linda," atebodd hi. "Synnwyr cyffredin ydy hynny!"

adeiladydd: builder
gwerth: value
tywysoges: princess
elusen: charity

doniol: funny
tramor: abroad
ffugenw: pseudonym
dychymyg: imagination

Y LLOFRUDD

Roedd hi'n dechrau tywyllu pan gyrhaeddodd y goets fawr y dafarn.

"Dyma ni, syr, Glencoe," gwaeddodd y gyrrwr. "Rydyn ni'n mynd i dreulio'r noson yma. Mae bwyd a wisgi da yn y dafarn hon."

Dim ond un teithiwr oedd yn y goets fawr. Dyn mawr oedd e, ac roedd e'n edrych yn gryf. Daeth e allan ac edrychodd o'i gwmpas; roedd eira ar fynyddoedd Glencoe, ac roedd y gwynt yn oer ar ei wyneb.

Hanner awr yn ddiweddarach roedd y teithiwr yn

45

eistedd o flaen tân mawr yn bwyta cawl cig oen. Roedd grŵp o ddynion lleol yn eistedd wrth fwrdd arall yn siarad am lofruddiaeth.

"Ond allwch chi ddim bod yn siŵr mai llofruddiaeth oedd hi," meddai'r tafarnwr. "Yn ôl y cwnstabl, damwain oedd hi."

"Y cwnstabl?" atebodd un o'r dynion gan chwerthin yn eironig. "Gwastraff amser ydy e!"

Aeth y tafarnwr o gwmpas yr ystafell gan gasglu gwydrau gwag. Syllodd e ar y teithiwr wrth y tân. Roedd e wedi ei weld e o'r blaen; ond pryd? Roedd e'n ceisio cofio.

"Syr," meddai'n sydyn. "Oeddech chi yma y llynedd pan gafodd gwraig ei lladd ger yr afon? Roedd hi wedi dod yma yn y goets fawr hefyd."

Siglodd y teithiwr ei ben ac edrychodd i ffwrdd heb ddweud gair. Crafodd y tafarnwr ei ben; roedd e bron yn siŵr …

"Roedd hi wedi cwmpo ar y creigiau," meddai'r tafarnwr. "Damwain oedd hi."

"Roedd ei phwrs hi'n wag," meddai un o'r dynion eraill. "Llofruddiaeth oedd hi."

Trodd y teithiwr ei ben yn sydyn a gweld wyneb y tu allan i'r ffenestr. Wyneb merch oedd e, wyneb pert iawn …

Roedd pawb wedi mynd i'r gwely ac roedd y dafarn yn dawel. Ond doedd y teithiwr ddim yn gallu cysgu. Roedd wyneb y ferch ar ei feddwl o hyd. Cododd o'i wely ac agor y ffenestr. Roedd y gwynt yn oer iawn, ond roedd y ferch yn dal i sefyll o flaen y dafarn.

Taniodd y teithiwr lamp olew a gwisgodd ei ddillad yn

gyflym. Aeth â'r lamp i lawr y grisiau, trwy'r bar gwag ac allan i'r nos.

Trodd y ferch ac edrych arno. Roedd hi'n crynu achos doedd dim cot fawr ganddi.

"Mae hi'n oer," meddyliodd y teithiwr. "Ac mae ofn arni."

"Beth rwyt ti'n wneud yma?" gofynnodd e. "Pam dwyt ti ddim gartref?"

"Rwy'n aros am fy mrawd i," atebodd y ferch. "Ond mae'n hwyr. Fydd e ddim yn dod nawr."

Cododd y teithiwr y lamp. Roedd y ferch yn bert iawn, ond roedd ei hwyneb hi'n wyn.

"Ble rwyt ti'n byw?" gofynnodd e.

"Yn nyffryn Glencoe," atebodd hi. "Milltir i ffwrdd, ond mae'r llwybr yn beryglus yn y tywyllwch."

"Wel, mae lamp 'da fi," meddai'r teithiwr. "A' i â ti adref. Mae'n rhy oer iti aros yma."

Petrusodd y ferch am foment, ond yna penderfynodd hi fynd gydag e. Doedd dim dewis ganddi.

Pan aeth y llwybr yn gul, gafaelodd y teithiwr yn llaw y ferch.

"O, syr," protestiodd hi, ond thynnodd hi mo'i llaw i ffwrdd. Roedd llaw'r dyn yn teimlo mor gynnes a chryf.

"Paid â phoeni," meddai'r dyn. "Rwyt ti'n ddiogel gyda fi."

Yng ngolau'r lamp olew roedd cysgod y ferch yn denau iawn, ond roedd cysgod y teithiwr yn enfawr, fel cysgod arth.

Ar waelod y dyffryn roedd yr afon yn llawn ac yn llifo'n gyflym. Roedd rhaid iddyn nhw gerdded yn ofalus,

47

achos roedd y llwybr yn croesi clogwyn uchel. Yn sydyn clywon nhw lais bachgen yn gweiddi:

"Help, help!"

Edrychodd y teithiwr i lawr. Roedd y bachgen yn gorwedd ymysg y creigiau ar waelod y clogwyn. Roedd e wedi syrthio o'r llwybr.

"Fy mrawd i ydy e," meddai'r ferch. "Angus … Wyt ti'n iawn?"

Tynnodd hi ei llaw yn rhydd ac aeth i sefyll y tu ôl i'r dyn. Roedd pen y teithiwr yn dechrau troi; roedd y clogwyn mor serth. Yna taflodd y ferch ei phwysau i gyd yn ei erbyn, a theimlodd e ei draed yn llithro. Ceisiodd e droi'n ôl, ond yn ofer.

"Aaaa …!"

Glaniodd e'n drwm ar y creigiau miniog islaw. Ar ôl rhai eiliadau clywodd y ferch lais ei brawd eto.

"Da iawn, Molly," meddai e'n hapus. "Mae ei bwrs e'n llawn. Arhosa yno; rwy'n dod i fyny."

"Wel, cymer ofal, Angus," atebodd ei chwaer. "Lle peryglus ydy hwn …"

llofrudd: murderer	llwybr: path
coets fawr: stagecoach	cysgod: shadow
eira: snow	arth: bear
damwain: accident	clogwyn: cliff
gwastraffu: to waste	pwysau: weight
crafu: to scratch	llithro: to slip
cot fawr: overcoat	yn ofer: in vain
hwyr: late	